AF206769

Impressum
Verlag: BABADADA GmbH, Nedderfeld 112 , 22529 Hamburg
Geschäftsführer / Verlagsleitung: Harald Hof
Druck: Books on Demand GmbH, In de Tarpen 42, 22848 Norderstedt

Imprint
Publisher: BABADADA GmbH, Nedderfeld 112 , 22529 Hamburg, Germany
Managing Director / Publishing direction: Harald Hof
Print: Books on Demand GmbH, In de Tarpen 42, 22848 Norderstedt, Germany

# škola

## سکول

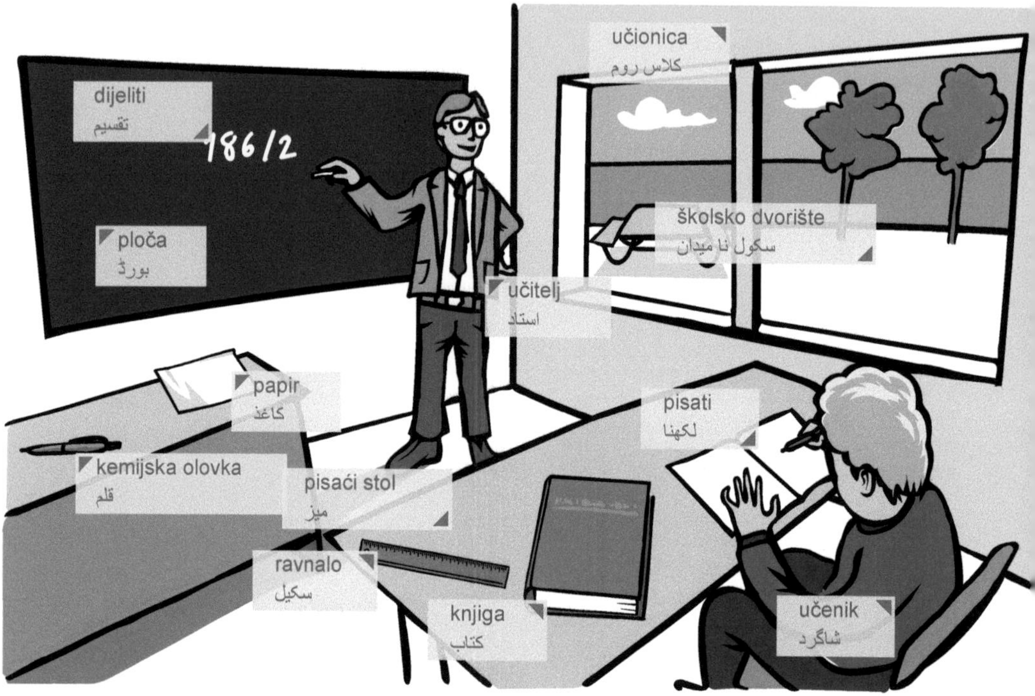
učionica
کلاس روم
dijeliti
تقسیم
186/2
ploča
بورڈ
školsko dvorište
سکول نا میدان
učitelj
استاد
papir
کاغذ
pisati
لکھنا
kemijska olovka
قلم
pisaći stol
میز
ravnalo
سکیل
knjiga
کتاب
učenik
شاگرد

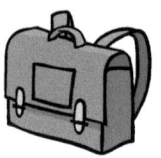

torba

جزدان

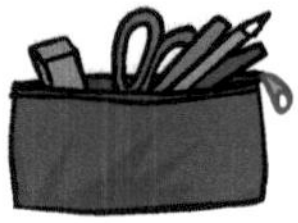

pernica

پینسل دا ڈبہ

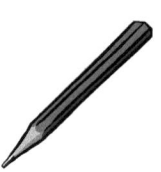

grafitna olovka

پینسل

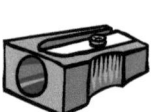

šiljilo za olovke

پینسل شارپنر

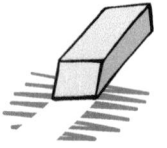

gumica za brisanje

ربر

blok za crtanje

ڈرائنگ پیڈ

crtež

ڈراٹنگ

kist

پینٹ برش

kutija s bojama

پینٹ باکس

makaze

قینچی

ljepilo

گلو

bilježnica

مشقی کتاب

domaći zadatak

گھر دا کم

**12**

broj

عدد

**2+2**

sabirati

جمع

**5-2**

oduzimati

تفریق

**2×2**

množiti

ضرب

računati

کیلکولیٹ

**A**

slovo

خطرہ

**ABCDEFG HIJKLMN OPQRSTU VWXYZ**

abeceda

حروف تہجی

riječ

لفظ

tekst

متن

čitati

پڑھنا

kreda

چاک

sat

سبق

dnevnik

رجسٹر

ispit

امتحان

svjedodžba

سند

školska uniforma

سکول نی وردی

obrazovanje

تعلیم

leksikon

انسائیکلوپیڈیا

sveučilište

یونیورسٹی

mikroskop

مائیکرو سکوپ

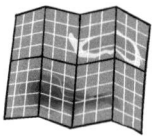

karta

نقشہ

košara za papir

کچرے نا ڈبہ

# putovanje

## سفر

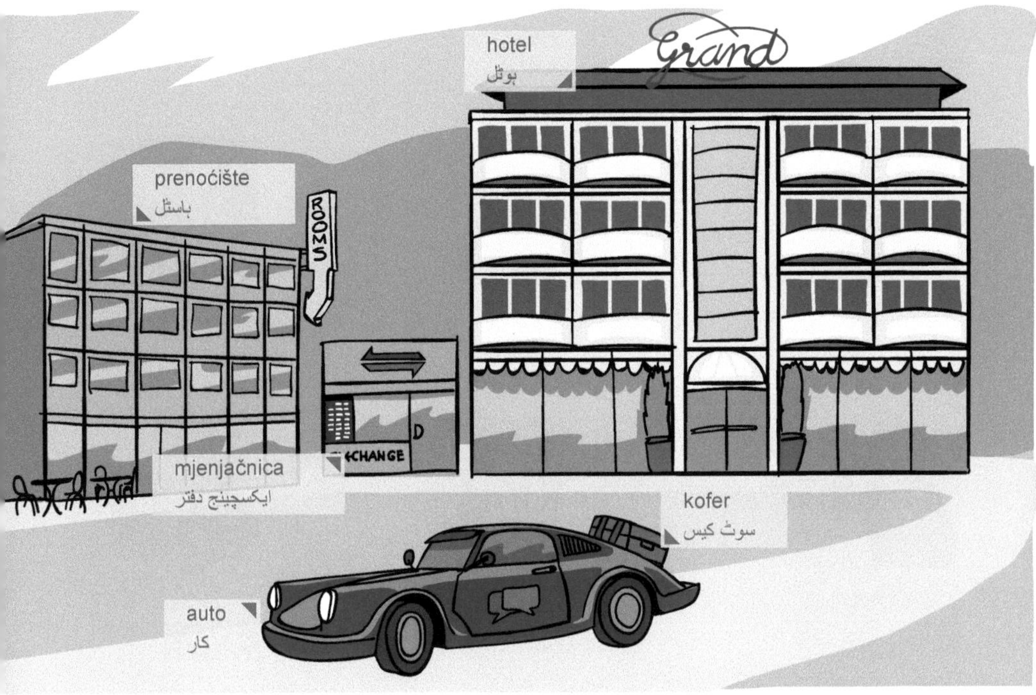
Grand
hotel
ہوٹل
prenoćište
ہاسٹل
ROOMS
mjenjačnica
ایکسچینج دفتر
EXCHANGE
kofer
سوٹ کیس
auto
کار

jezik

بولی

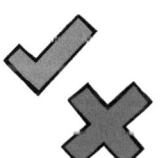

da / ne

ہاں /نئیں

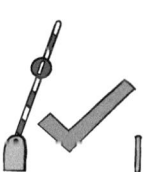

okay

ٹھیک ہے

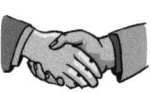

zdravo

اسلام و علیکم

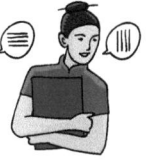

prevoditelj

ترجمان

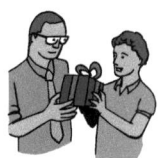

hvala

شکریہ

Koliko košta...?

ایہہ کنے نے ؟

ne razumijem

می سمجھ نئیں رلی

problem

مسئلہ

dobro veče!

اسلام و علیکم

Dobro jutro!

اسلام و علیکم

Laku noć!

اللہ حافظ

doviđenja

اللہ نے حوالے

smjer

سمت

prtljaga

سامان

torba

بیگ

ruksak

بیک پیک

gost

مہمان

soba

کمرہ

vreća za spavanje

سلیپنگ بیگ

šator

خیمہ

putovanje - سفر

turističke informacije

سیاح لئی معلومات

plaža

ساحل سمندر

kreditna kartica

کریڈٹ کارڈ

doručak

ناشتہ

ručak

دوپہر نا کھانا

večera

رات نا کھانا

karta za vožnju

ٹکٹ

dizalo

لفٹ

poštanska markica

مہر

granica

بارڈر

carina

کسٹمز

ambasada

ایمبیسی

viza

ویزا

putovnica

پاسپورٹ

# transport

# ٹرانسپورٹ

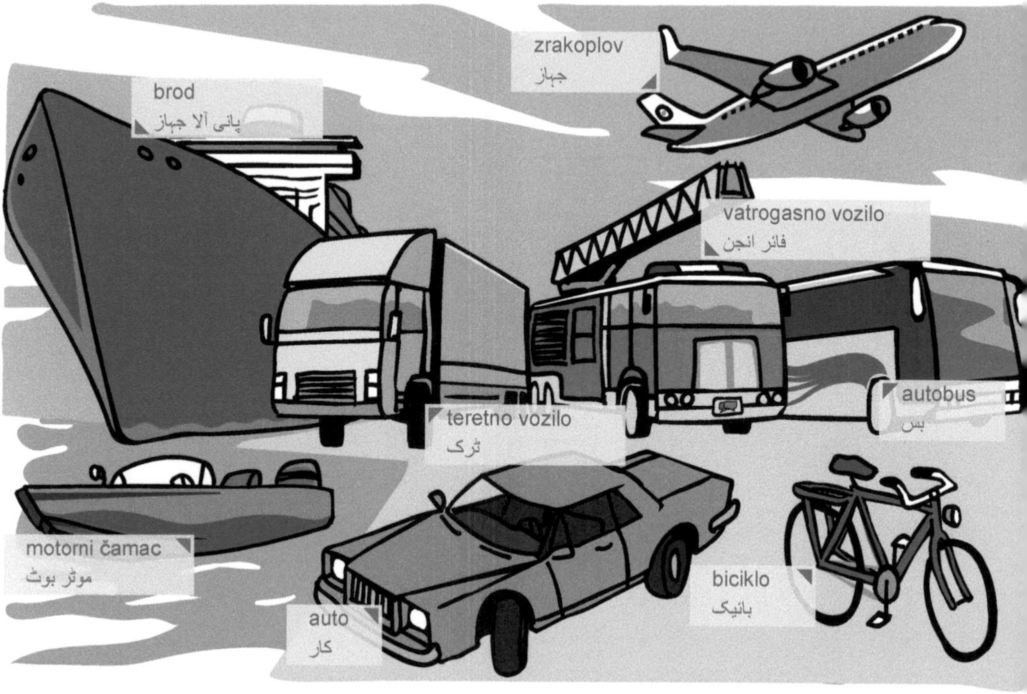
zrakoplov
جہاز
brod
پانی آلا جہاز
vatrogasno vozilo
فائر انجن
autobus
بس
teretno vozilo
ٹرک
motorni čamac
موٹر بوٹ
biciklo
بائیک
auto
کار

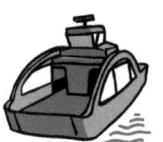

trajekt

فیری

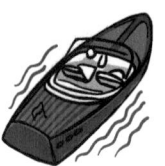

čamac

کشتی

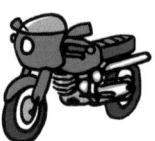

motocikl

موٹر بائیک

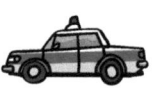

policijski auto

پولیس کار

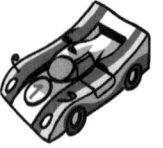

trkaći auto

ریسنگ کار

iznajmljeno auto

کرایہ نی گڈ

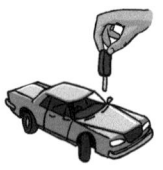

dijeljenje automobila

کار شیئرنگ

vučno vozilo

بریک ڈاؤن ٹرک

vozilo za odvoz smeća

ریفیوز ٹرک

motor

موٹر

benzin

فیول

benzinska postaja

پٹرول سٹیشن

prometni znak

ٹریفک سائن

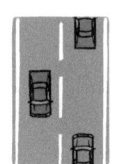

promet

ٹریفک

zastoj

ٹریفک جام

parkiralište

کار پارک

kolodvor

ریل سٹیشن

šinc

ٹریکس

vlak

ریل

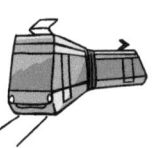

tramvaj

ٹرام

vagon

کیرج

helikopter

بیلی کاپٹر

zrakoplovna luka

ائر پورٹ

toranj

مینار

putnik

مسافر

kontejner

کنٹینر

karton

کارٹن

kolica

چھکڑا

košara

بالٹی

uzletjeti / sletjeti

اڈنا / لبنا

## grad

شہر

selo

پنڈ

centar grada

سٹی سینٹر

kuća

گھار

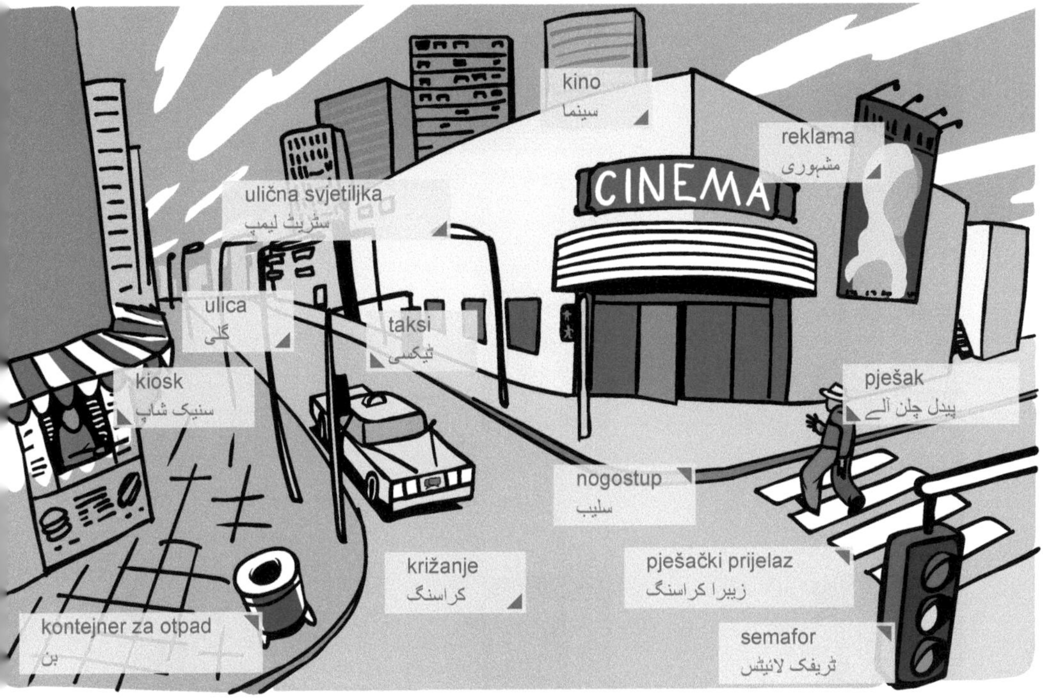

kino
سینما

reklama
مشہوری

ulična svjetiljka
سٹریٹ لیمپ

ulica
گلی

taksi
ٹیکسی

pješak
پیدل چلن آلے

kiosk
سنیک شاپ

nogostup
سلیپ

križanje
کراسنگ

pješački prijelaz
زیبرا کراسنگ

kontejner za otpad
بن

semafor
ٹریفک لائیٹش

**CINEMA**

koliba
ہٹ

stan
فلیٹ

kolodvor
ریل سٹیشن

vijećnica
ٹاؤن ہال

muzej
میوزئیم

škola
سکول

sveučilište

یونیورسٹی

banka

بنک

bolnica

ہسپتال

hotel

ہوٹل

ljekarna

فارمیسی

ured

دفتر

knjižara

کتب خانہ

prodavaonica

بٹھی

cvjećara

پھلاں الے

supermarket

سپر مارکیٹ

trg

بازار

robna kuća

ڈیپارٹمنٹ سٹور

ribarnica

مچھیرے

trgovački centar

شاپنگ سینٹر

luka

بندرگاہ

park

پارک

klupa

بنچ

most

پل

stepenice

سیڑھیاں

podzemna željeznica

انڈر گراؤنڈ

tunel

ٹنل

autobusna stanica

بس سٹاپ

bar

بار

restoran

ریسٹورنٹ

poštansko sanduče

پوسٹ بکس

ulični znak

سٹریٹ سائن

parkirni sat

پارکنگ میٹر

zoološki vrt

چڑیا کھار

bazen

سونمنگ پول

džamija

مسجد

seosko gazdinstvo

فارم

zagađenje okoliša

آلودگی

groblje

قبرستان

crkva

چرچ

igralište

پلے گراؤنڈ

hram

مندر

# krajolik

منظر

list

پتہ

putokaz

سائن پوسٹ

put

راہ

livada

سر سبز میدان

kamen

پتھر

drvo

درخت

šetač

بانکر

rijeka

دریا

trava

کاہ

cvijet

پھل

dolina
................
وادی

planina
................
پہاڑی

jezero
................
نہر

šuma
................
جنگل

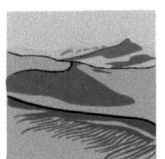

pustinja
................
صحرا

vulkan
................
آتش فشاں

dvorac
................
قلعہ

duga
................
رین بو

gljiva
................
کھمبی

palma
................
پام ٹری

moskito
................
مچھر

muha
................
مکھی

mrav
................
چیونٹا

pčela
................
مکھی

pauk
................
مکڑی

buba

بھونرا

žaba

مینڈک

vjeverica

گلہری

jež

سیہہ

zec

ساہیا

sova

الو

ptica

پرندہ

labud

راج ہنس

divlja svinja

نر سور

jelen

برن

los

بارہ سنگا

nasip

ڈیم

vjetrenjača

ونڈ ٹربائن

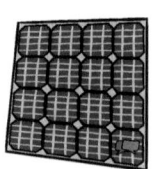

solarna ploča

شمسی توانائی دا پینل

klima

آب و ہوا

# restoran
# ریسٹورنٹ

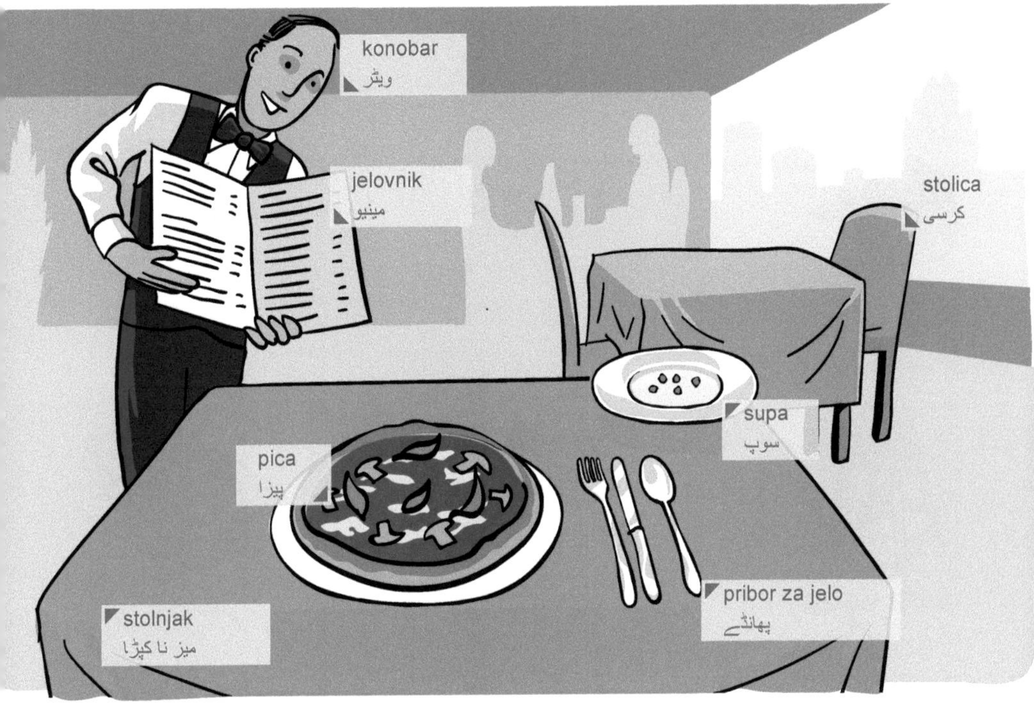

konobar
ویٹر
jelovnik
مینیو
stolica
کرسی
supa
سوپ
pica
پیزا
pribor za jelo
پھانڈے
stolnjak
میز نا کپڑا


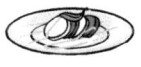

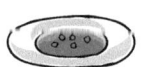

predjelo

سٹارٹر

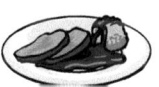

glavno jelo

مین کورس

desert

ڈیزرٹ

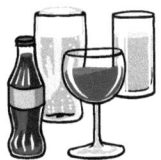

napitci

مشروب

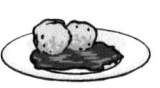

jelo

کھانا

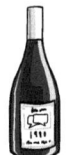

boca

بوتل

fastfood

فاسٹ فوڈ

imbis hrana

سٹریٹ فوڈ

čajnik

ٹی پاٹ

doza za šećer

شوگر بول

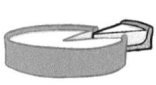

porcija

پورشن

aparat za espresso

اسپریسو مشین

visoka stolica

بائی چنیر

račun

بل

pladanj

ٹرے

nož

چھری

vilica

کانٹا

žlica

چمچ

čajna žlica

ٹی سپون

ubrus

تولیہ

čaša

گلاس

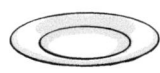

tanjur

پلیٹ

tanjur za supu

سوپ پلیٹ

tanjurić

ساسر

sos

چٹنی

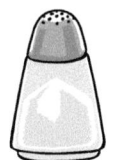

soljenka

نمک دانی

mlin za biber

پیپر مل

ocat

سرکہ

ulje

تیل

začini

مصالحہ

kečap

کیچپ

senf

سرسپینوں

majoneza

مینیز

# supermarket
## سپر مارکیٹ

ponuda
سپیشل آفر
kupac
گاہک
mlječni proizvodi
ڈیری
FOR
voće
پھل
kolica za kupnju
ٹرالی


BUTCHERS


mesnica
قصائی

BAKERY


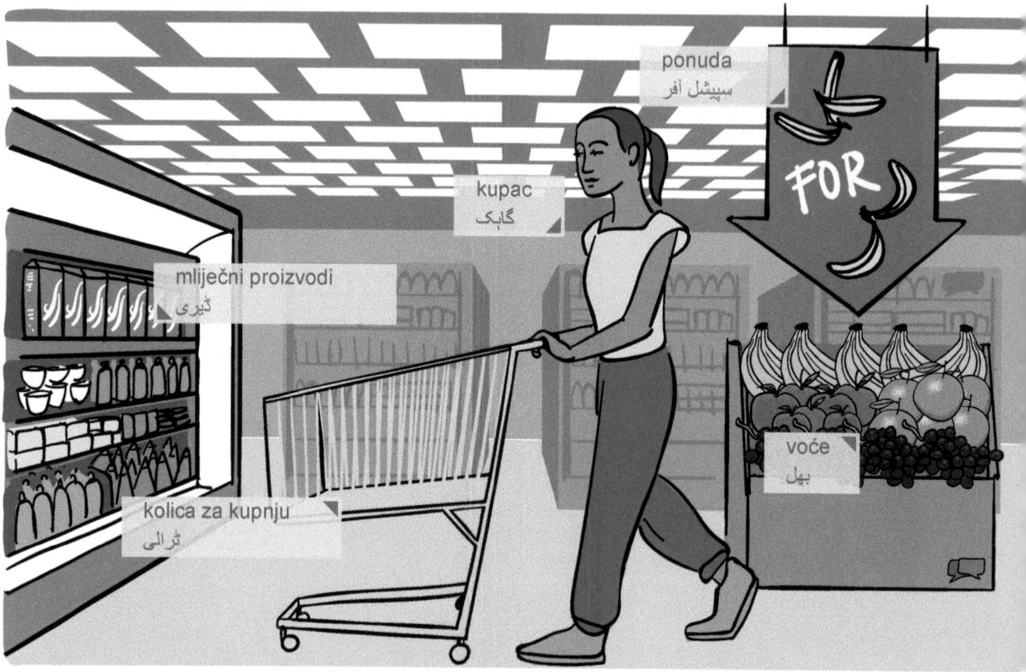

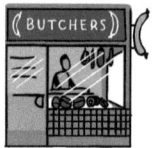

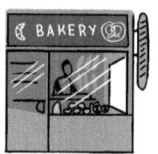

pekarnica
بیکرز

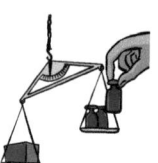

vagati
وزن

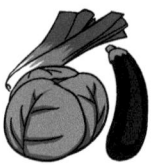

povrće
سبزیاں

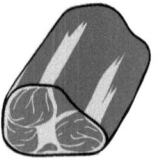

meso
گوشت

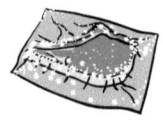

duboko smrznuta hrana
فروزن فوڈ

narezak

کولڈ گوشت

konzerve

ٹن فوڈ

sredstvo za pranje

واشنگ پوڈر

slatkiši

مٹھائی

artikli za domaćinstvo

کھار دیاں چیزاں

sredstva za čišćenje

صفائی آلی چیزاں

prodavačica

سیل مین

blagajna

ٹل

blagajnik

کیشئیر

lista za kupnju

شاپنگ لسٹ

vrijeme rada

کھلن دا ویلا

novčanik

پرس

kreditna kartica

کریڈٹ کارڈ

torba

بیگ

plastična vrećica

پلاسٹک بیگ

voda

پانی

sok

جوس

mlijeko

ددھ

cola

کوک

vino

شراب

pivo

شراب

alkohol

شراب

kakao

کوکا

čaj

چا

kava

کافی

espresso

اسپريسو

cappuccino

کپچينو

banana

کیلا

jabuka

سیب

naranča

موسمبی

lubenica

تربوز

limun

نیمبو

mrkva

گاجر

češnjak

لہسن

bambus

بانس

luk

پیاز

gljiva

کھمبی

orašasti plodovi

میوے

rezanci

نوڈلز

špagete

سپیگیٹی

riža

چاول

salata

سلاد

pomfrit

چپس

pečeni krumpir

تلے ہوئے آلو

pica

پیزا

hamburger

بیم برگر

sendvič

سینڈوچ

šnicla

تکے

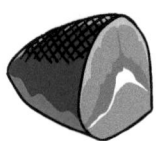

pršut

بیم

salama

سلامی

kobasica

ساسج

kokoš

مرغی

pečenje

بھنیا ہویا

riba

مچھی

zobene pahuljice

جو نا دلیہ

musli

مولی

kukuruzne pahuljice

کارن فلیکس

brašno

آٹا

roščić

کرائسنٹ

pecivo

بریڈ رول

kruh

روٹی

toast

ٹوسٹ

keksi

بسکٹ

maslac

مکھن

svježi sir

دہی

kulač

کیک

jaje

انڈا

jaje na oko

تلیا انڈا

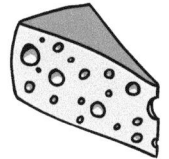

sir

پنیر

sladoled

آئس کریم

šećer

چینی

med

شہد

marmelada

جام

nugat krema

چاکلیٹ سپریڈ

curry

سالن

# seosko gazdinstvo

## فارم

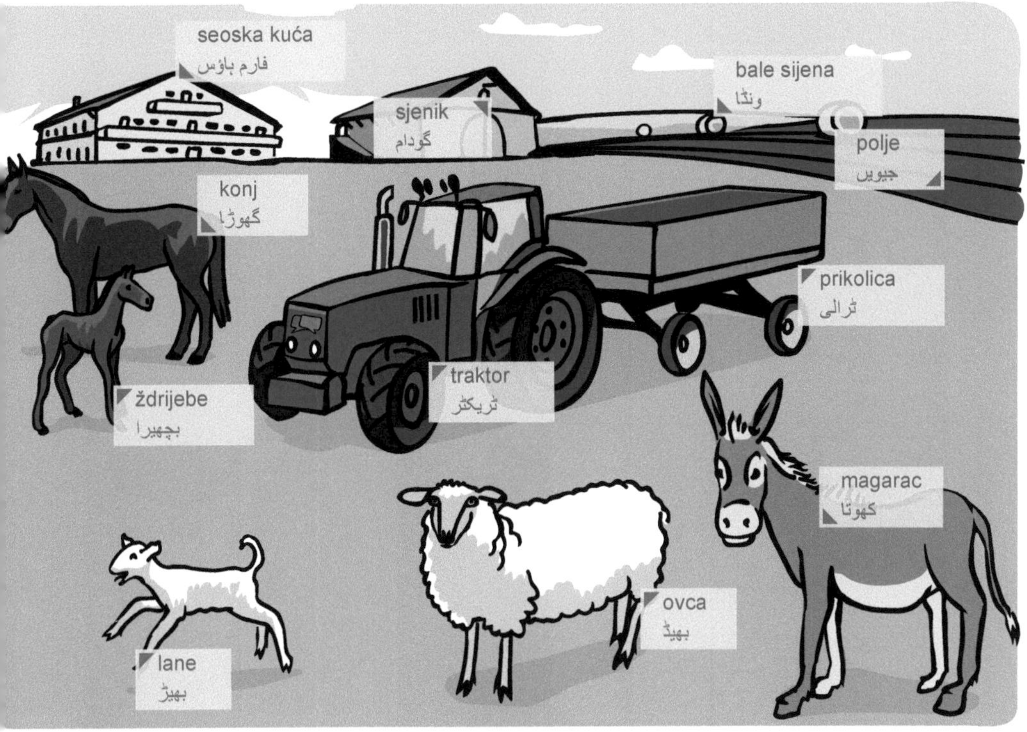

seoska kuća
فارم ہاؤس
sjenik
گودام
bale sijena
ونڈا
polje
جیویں
konj
گھوڑا
prikolica
ٹرالی
traktor
ٹریکٹر
ždrijebe
بچھیرا
magarac
کھوتا
ovca
بھیڈ
lane
بھیڑ


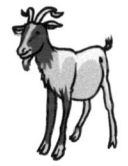

koza

بکری

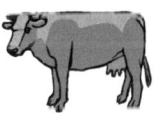

krava

گاں

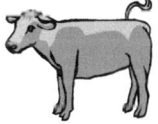

tele

بچھڑا

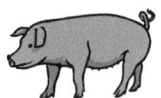

svinja

سور

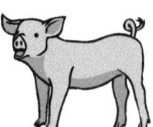

prase

پگ لیٹ

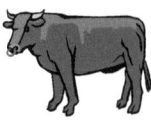

bik

بیل

guska

بطخ

patka

بطخ

pilići

چوزه

kokoš

مرغی

pijetao

مرغا

pacov

چوہا

mačka

بلی

miš

چوہا

vol

بیل

pas

کتا

kućica za psa

کتے نا کھار

vrtno crijevo

لان نا پائپ

kanta za polijevanje

پانی نا ڈبی

kosa

درانتی

plug

ہل

srp

درانتی

motika

ہو

vilica za gnojivo

ترنگل

sjekira

کوہاڑی

tačke

ریڑھی

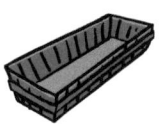

korito

ڈونگا

posuda za mlijeko

ددھ نا ڈبہ

vreća

بورا

ograda

باڑ

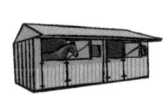

štala

اصطبل

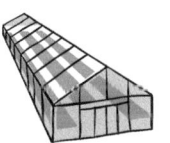

staklenik

گرین ہاؤس

zemlja

مٹی

sjeme

بیج

gnojivo

کھاد

kombajn

کمبائن ہارویسٹر

žanjati

فصل

žetva

فصل

yams začin

يامز

pšenica

کنک

soja

سويا

krumpir

آلو

kukuruz

مکئی

uljana repica

تلی

voćka

پھلدار درخت

gomolj manioke

کاساوا

žitarice

اناج

# kuća

## کھار

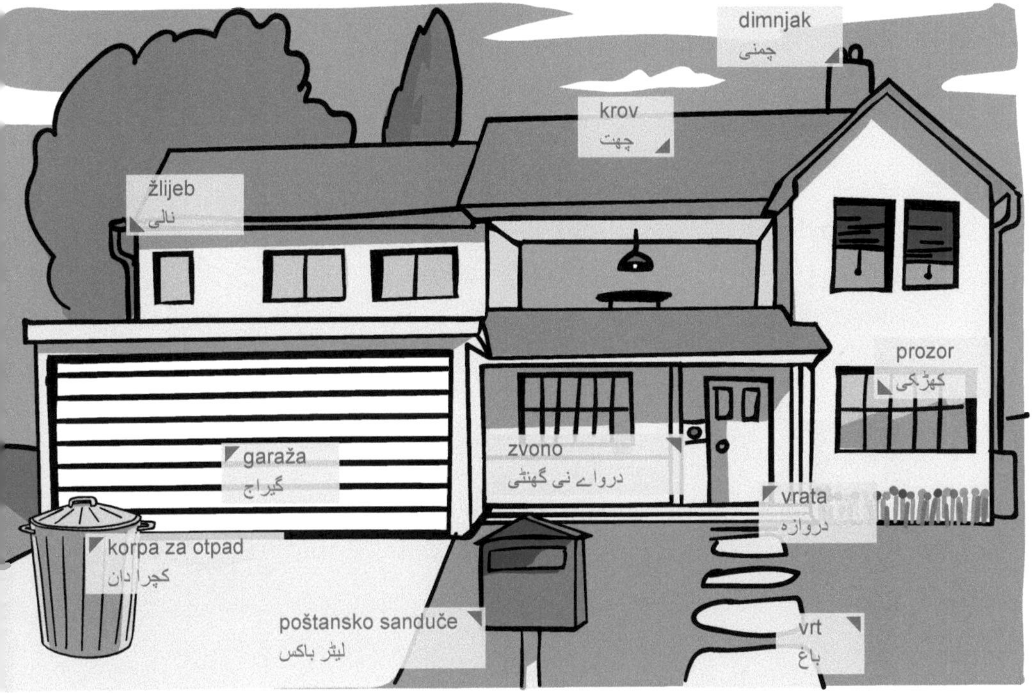

dimnjak
چمنی
krov
چھت
žlijeb
نالی
prozor
کھڑکی
garaža
گیراج
zvono
دروازے نی گھنٹی
vrata
دروازه
korpa za otpad
کچرا دان
poštansko sanduče
لیٹر باکس
vrt
باغ


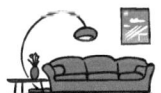

dnevna soba

لونگ روم

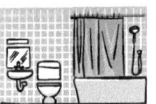

kupaonica

باته روم

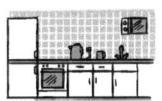

kuhinja

باورچہ خانہ

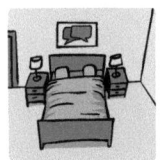

spavaća soba

بیڈروم

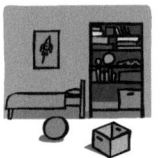

dječija soba

بچیاں نا کمره

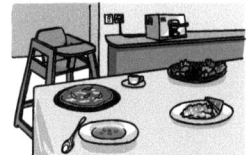

trpezarija

ڈائننگ روم

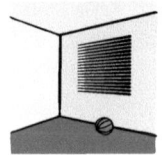

pod

فرش

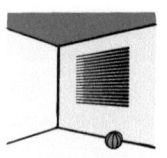

zid

ديوار

strop

چهت

podrum

سلها

sauna

سوانا

balkon

بالکنی

terasa

ٹیرس

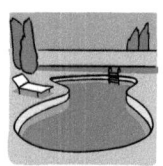

bazen

پول

kosilica za travu

لان موور

posteljina za krevet

شيٹ

deka za krevet

بيڈ سپريڈ

krevet

بيڈ

metla

جهاڑو

kanta

بالٹی

sklopka

سوئچ

# dnevna soba
## لونگ روم

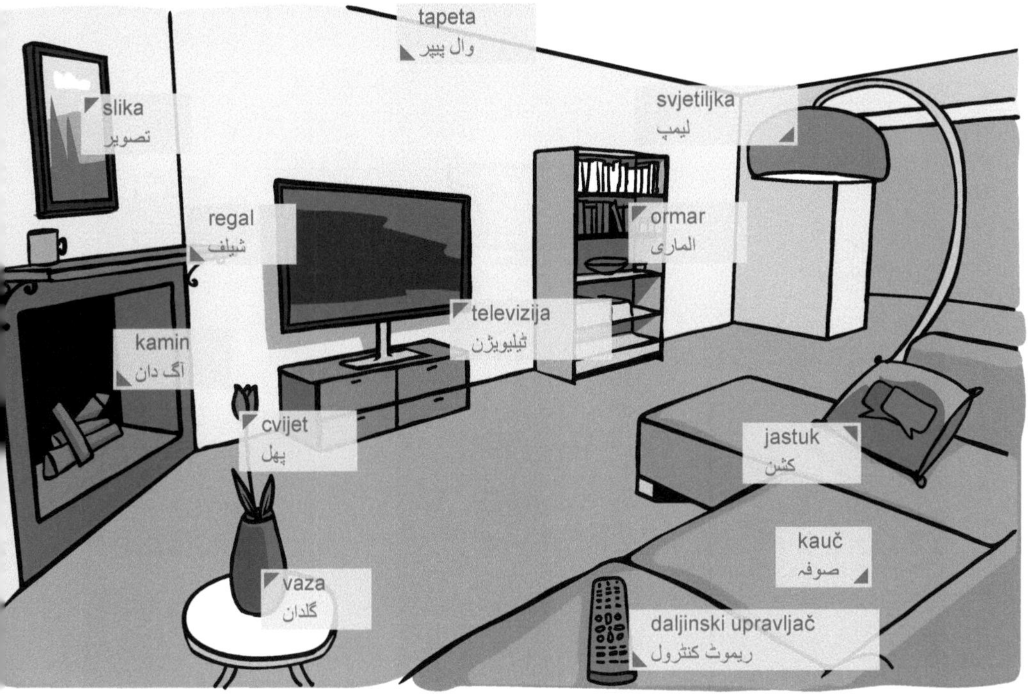

tapeta
وال پیپر
slika
تصویر
svjetiljka
لیمپ
regal
شیلف
ormar
الماری
televizija
ٹیلیویژن
kamin
آگ دان
cvijet
پھل
jastuk
کشن
kauč
صوفہ
vaza
گلدان
daljinski upravljač
ریموٹ کنٹرول


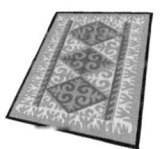

tepih
قالین

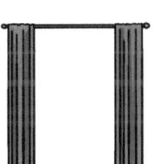

zavjesa
پردے

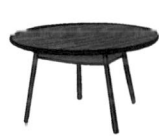

stol
میز

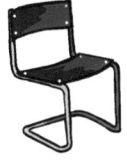

stolica
کرسی

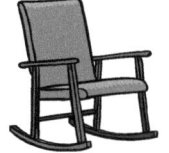

stolica za njihanje
راکنگ چئیر

fotelja
آرم چئیر

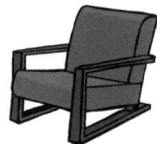

knjiga

کتاب

deka

کمبل

dekoracija

ڈیکوریشن

drvo za ogrjev

کولے

film

فلم

stereo uređaj

ہائی فائی آلات

ključ

چابی

novine

اخبار

slika na platnu

پینٹنگ

poster

پوسٹر

radio

ریڈیو

blok za pisanje

نوٹ پیڈ

usisavač

ہوور

kaktus

کیکٹس

svijeća

موم بتی

# kuhinja

## باورچہ خانہ

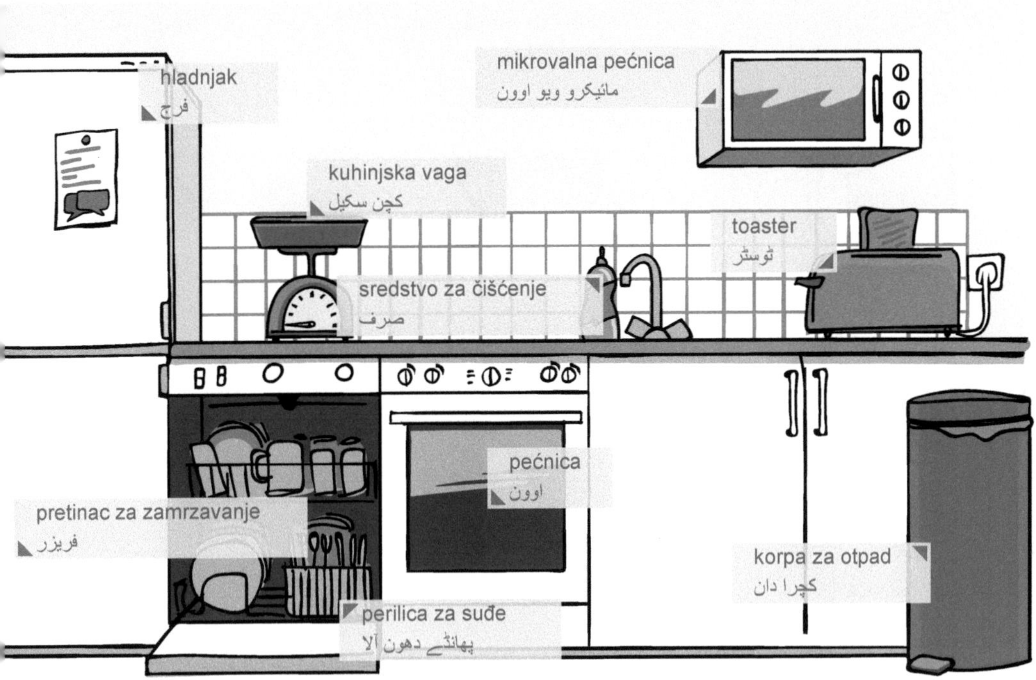

hladnjak
فرج
mikrovalna pećnica
مائیکرو ویو اوون
kuhinjska vaga
کچن سکیل
toaster
ٹوسٹر
sredstvo za čišćenje
صرف
pećnica
اوون
pretinac za zamrzavanje
فریزر
korpa za otpad
کچرا دان
perilica za suđe
پھانڈے دھون آلا


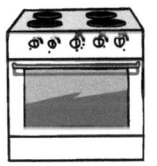

štednjak

ککر

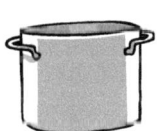

lonac

پاٹ

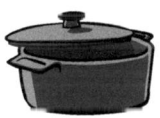

željezni lonac

کاسٹ آئرن پاٹ

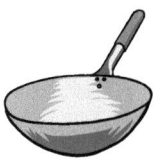

wok / kadai

ووک / کدائی

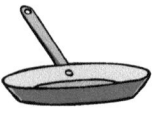

tava

پین

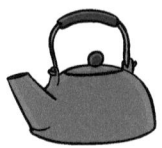

kuhalo za vodu

کیتلی

**kuhalo na paru**

سٹیمر

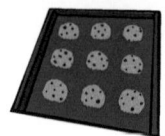

**lim za pečenje**

بیکنگ ٹرے

**posuđe**

پھانٹے

**čaša**

مگا

**zdjela**

پیالہ

**štapići za jelo**

چوپ سٹکس

**kutljača**

کرچھل

**lopatica**

اسپالی

**pjenjača**

پھیٹن آلا

**sito za kuhanje**

چھننا

**sito**

چھننی

**ribež**

جھاواں

**mužar**

کھان پکان آلا چمچہ

**roštilj**

باربی کیو

**ognjište**

چولھا

**daska**

کٹنگ بورڈ

**oklagija**

رولنگ پن

**vadičep**

کارک سکرو

**konzerva**

کین

**otvarač konzervi**

کین کھلون آلا

**krpa za lonac**

پاٹ پکڑن آلا

**sudoper**

سنک

**četka**

برش

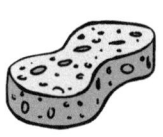

**spužva**

سپنج

**mikser**

بلینڈر

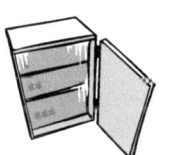

**zamrzivač**

ڈیپ فریزر

**bočica za bebe**

بچے نی بوتل

**slavina za vodu**

ٹوٹی

# kupaonica

## باتھ روم

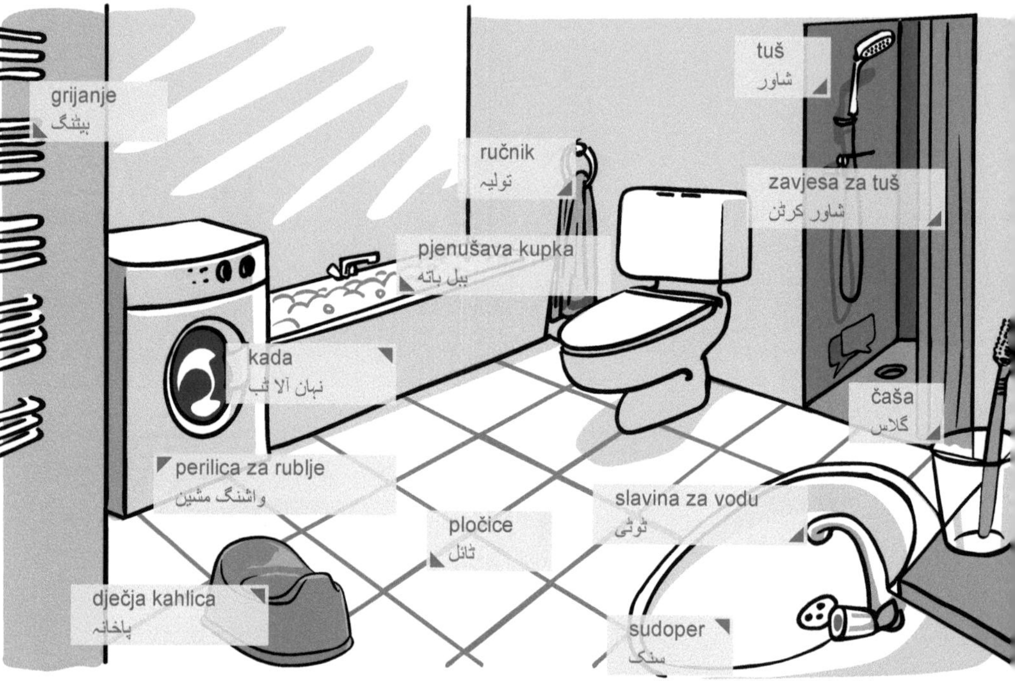

grijanje
بیٹنگ
tuš
شاور
ručnik
تولیہ
zavjesa za tuš
شاور کرٹن
pjenušava kupka
ببل باتھ
kada
نہان آلا ٹب
čaša
گلاس
perilica za rublje
واشنگ مشین
slavina za vodu
ٹوٹی
pločice
ٹائل
dječja kahlica
پاخانہ
sudoper
سنک


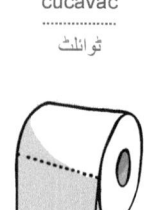

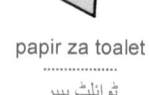

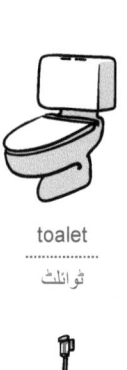

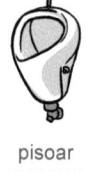

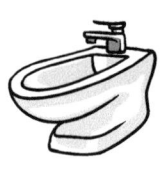

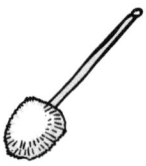

toalet
ٹوائلٹ

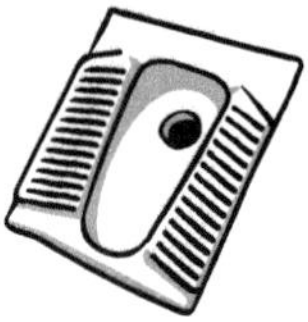

čučavac
ٹوائلٹ

bidet
بڈٹ

pisoar
پیشاب

papir za toalet
ٹوائلٹ پیپر

četka za toalet
ٹوائلٹ برش

četkica za zube

ټوته برش

pasta za zube

ټوته پیسټ

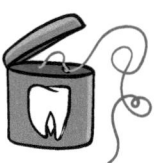

konac za zube

ډینټل فلاس

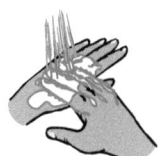

prati

دهونا

tuš ručica

بته وچ پهړن آلا شاور

tuš za pranje intimnih dijelova

شاور

lavor

بیسن

četka za pranje leđa

بیک برش

sapun

صابن

gel za tuširanje

شاور جیل

šampon

شیپمو

krpa za pranje

فلالین

odvod

نالی

krema

کریم

dezodorans

ډیوډرنټ

ogledalo

آئینه

kozmetičko ogledalo

بته آلا شیشہ

brijač

استرا

pjena za brijanje

شیونگ فوم

losion za poslije brijanja

آفٹر سیو

češalj

کنگھا

četka

برش

sušilo za kosu

ہئیر ڈرائر

sprej za kosu

ہئیر سپرے

makeup

میک اپ

ruž za usne

لپ سٹک

lak za nokte

ناخن نی وارنش

vata

کاٹن وول

škare za nokte

ناخن کٹر

parfem

پرفیوم

neseser

واش بیگ

stolica

پاخانه

vaga

وزن دا پيمانه

ogrtač

باته نی الماری

rukavice za čišćenje

ربړ نے دستانہ

tampon

بفر

uložak

تولیہ سٹینڈ

kemijski toalet

کیمیکل ٹوائلٹ

# dječija soba

## بچیاں نا کمرہ

budilnik
الارم کلاک
plišana igračka
کھڈونے
auto igračka
کھڈونا گڈی
zvečka
ھڑھڑ
kućica za lutke
گڈی نا کھار
poklon
تحفہ


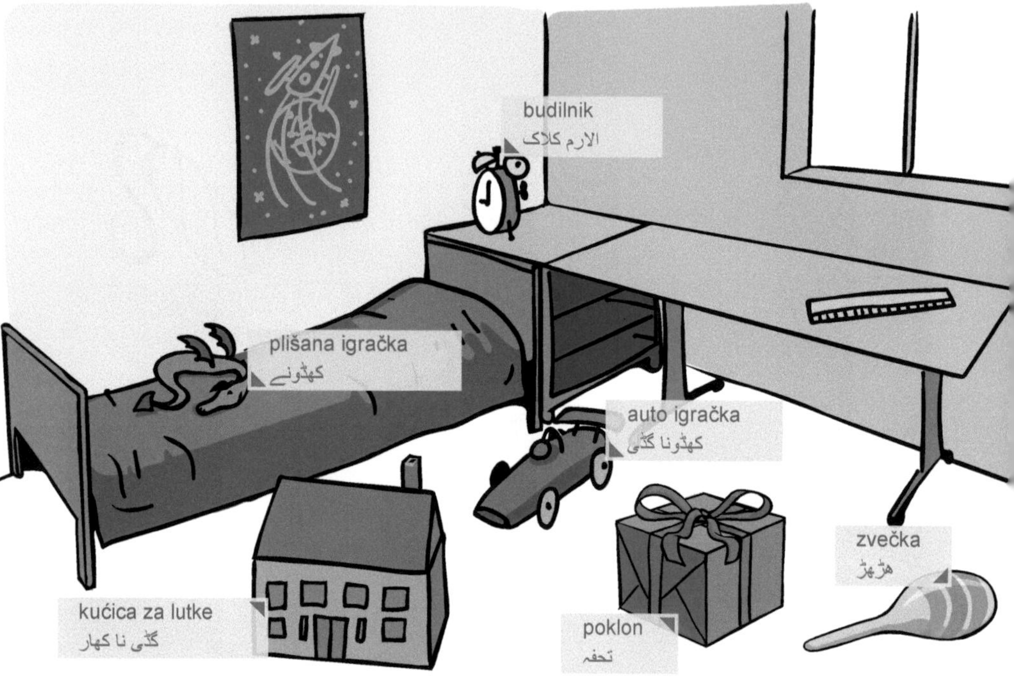

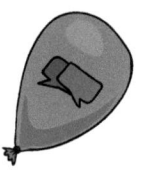

balon
..................
پھکانا

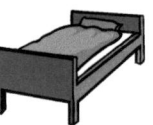

krevet
..................
بیڈ

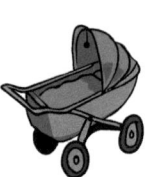

dječija kolica
..................
پرام

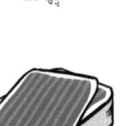

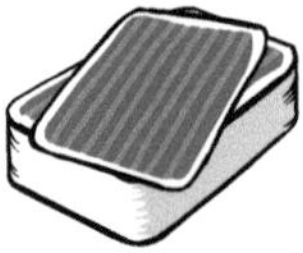

igra s kartama
..................
تاش نے پتے

slagalica
..................
جگ سا

SUPER MEGA


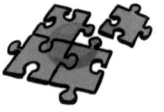

strip
..................
کامک

lego kockice

لیگو برکس

kockice za slaganje

بلڈنگ بلاکس

akcioni junak

کھلونا

kombinezon za bebe

بے بی گرو

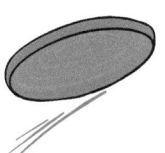

frizbi

فرزوی

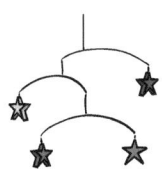

viseće igračke

موبائل

društvene igre

بورڈ گیم

kocka

ڈائس

minijaturna željeznica

ماڈل ٹرن سیٹ

duda

ڈمی

tulum

پارٹی

slikovnica

تصویری کتاب

lopta

گیند

lutka

گڑیا

igrati

کھیلنا

pješčanik

سینڈ پٹ

ljuljačka

جھولا

igračka

کھلونے

konzola za igre

ویڈیو گیم کنسول

tricikl

ٹرائی سائیکل

plišani medo

ٹیڈی بئیر

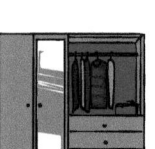

ormar

الماری

# odjeća
## کپڑے

kratke čarape

جراباں

čarape

جراباں

hulahopke

ٹائٹس

šal
سکارف

kišobran
چھتری

t-shirt
ٹی شرٹ

kaiš
بیلٹ

čizme
بوٹ

papuče
سلیپر

patike
جوگر

sandale
........
سینڈل

cipele
........
جوتی

gumene čizme
........
ربر نے جوتی

gaćice
........
انڈر وئیر

grudnjak
........
برا

potkošulja
........
بنیان

bodi

جسم

hlače

پاجامہ

džins

جینز

haljina

سکرٹ

bluza

برا

košulja

قمیض

džemper

سونیٹر

pulover s kapuljačom

ہوڈی

blejzer

کوٹ

jakna

جیکٹ

kaput

کوٹ

kabanica

برساتی

kostim

کاسٹیوم

haljina

کپڑے

vjenčanica

شادی نا جوڑا

odijelo

سوٹ

spavaćica

راتے نے کپڑے

pidžama

پاجامہ

sari

ساڑھی

rubac

سکارف

turban

پگڑی

burka

برقعہ

kaftan

کفتان

abaja

برقعہ

kupaći kostim

نہان والے کپڑے

kupaće gaćice

انڈرونیئر

kratke hlače

نیکر

odjeća za trening

ٹریک سوٹ

pregača

دھوتی

rukavice

دستانے

gumb

بٹن

naočale

چشمہ

narukvica

بریسلیٹ

ogrlica

ہار

prsten

انگوٹھی

naušnica

کنڈے

kapa

ٹوپی

vješalica

کوٹ ہینگر

šešir

ٹوپی

kravata

ٹائی

patent zatvarač

زپ

kaciga

ہیلمٹ

naramenice

بریسز

školska uniforma

سکول نی وردی

uniforma

وردی

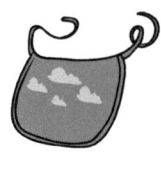

podbradak

بب

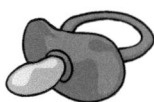

duda

ڈمی

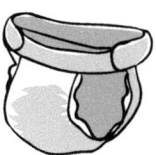

pelena

ناپی

# ured

## دفتر

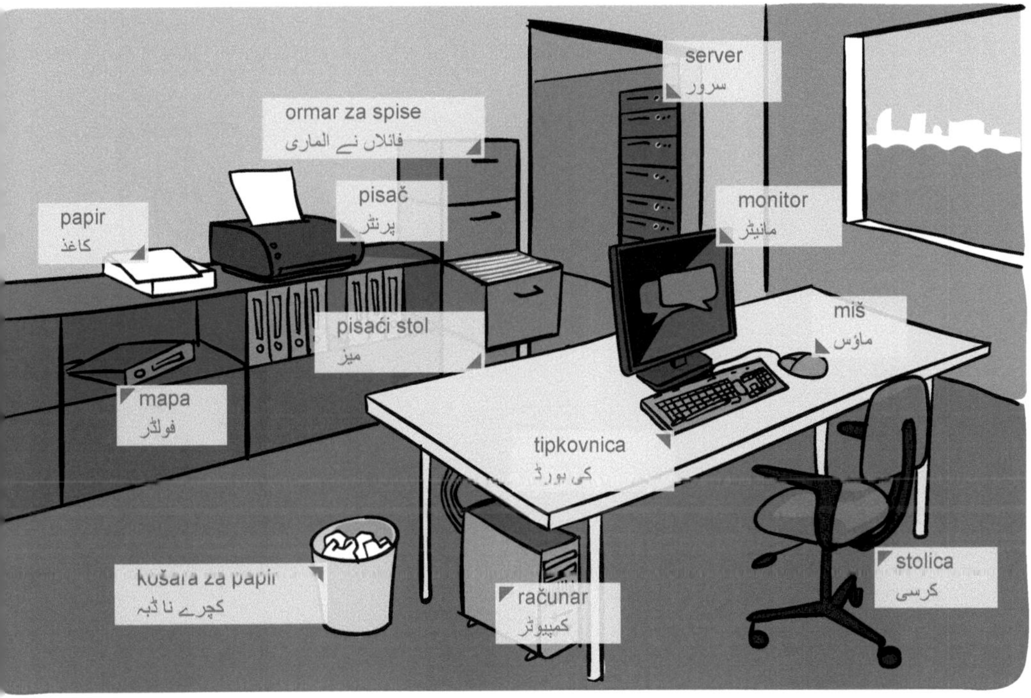
server
سرور
ormar za spise
فائلاں نے الماری
pisač
پرنٹر
papir
کاغذ
monitor
مانیٹر
miš
ماؤس
pisaći stol
میز
mapa
فولڈر
tipkovnica
کی بورڈ
košara za papir
کچرے نا ڈبہ
računar
کمپیوٹر
stolica
کرسی

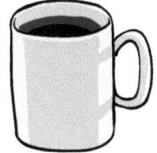

šalica za kavu

کافی مگ

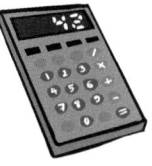

kalkulator

کیلکولیٹر

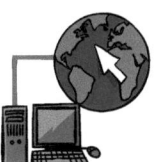

internet

انٹرنیٹ

| | | |
|---|---|---|
|  |  |  |
| laptop | pismo | poruka |
| لیپ ٹاپ | خط | پیغام |
|  |  |  |
| mobilni telefon | mreža | uređaj za kopiranje |
| موبائل | نیٹ ورک | فوٹو کاپئیر |
|  |  |  |
| softver | telefon | utičnica |
| سافٹ ونئر | ٹیلیفون | پلگ ساکٹ |
|  | 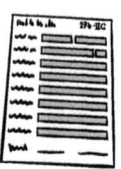 |  |
| faks | obrazac | dokument |
| فکس مشین | فارم | دستاویزات |

kupovati

خریدنا

platiti

ادا کرنا

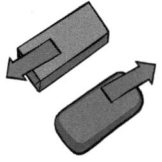

trgovati

تجارت

novac

پیسہ

dolar

ڈالر

euro

یورو

jen

ین

rubalj

ربل

švicarski franak

سویس فرانک

renmindbi yuan

رینمینبی یوان

rupija

روپیہ

automat za novac

کیش پوائنٹ

mjenjačnica

ایکسچینج دفتر

zlato

سونا

srebro

چاندی

nafta

تیل

energija

توانائی

cijena

قیمت

ugovor

معاہدہ

porez

ٹیکس

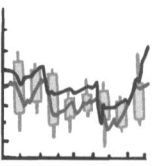

dionica

سٹاک

raditi

کم

službenik

ملازم

poslodavac

آجر

tvornica

فیکٹری

prodavaonica

بٹی

# zanimanja

## پیشہ

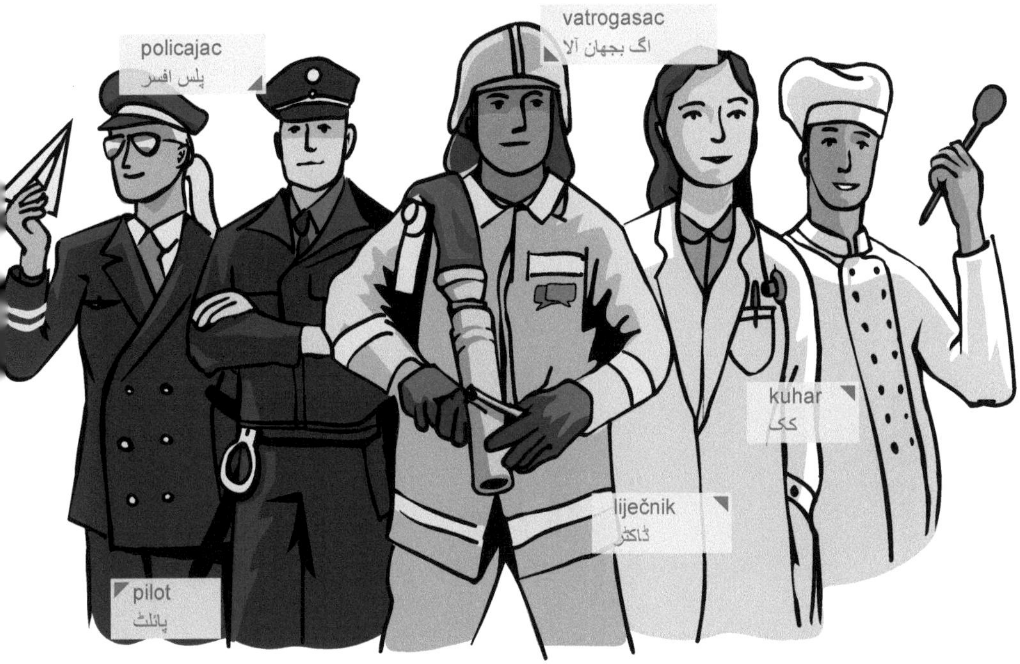

policajac
پلس افسر
vatrogasac
اگ بجھان آلا
kuhar
کک
liječnik
ڈاکٹر
pilot
پائلٹ


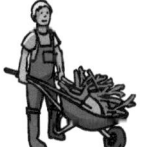

vrtlar

مالی

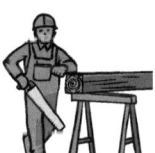

stolar

برھئی

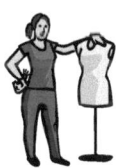

krojačica

درزن

sudija

جج

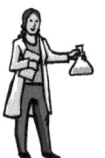

kemičar

کیمسٹ

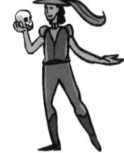

glumac

ایکٹر

vozač autobusa

بس ڈرائیور

vozač taksija

ٹیکسی ڈرائیور

ribar

مچھیرا

čistačica

صفائی آلی جنانی

krovopokrivač

روفر

konobar

ویٹر

lovac

شکاری

slikar

پینٹر

pekar

بیکری آلا

električar

الیکٹریشن

građevinski radnik

تعمیرات آلا

inženjer

انجینیر

mesar

قصائی

limar

پلمبر

poštar

پوسٹ مین

vojnik

سپاہی

arhitekta

آرکیٹیکٹ

blagajnik

کیشیئر

cvjećar

پھلاں آلا

frizer

نائی

kondukter

کنڈکٹر

mehaničar

مکینک

kapetan

کپتان

zubar

دندان ساز

znanstvenik

سائنس دان

rābi

ربائی

imam

امام

monah

راہب

svećenik

انگریز

# alati
## ٹولز

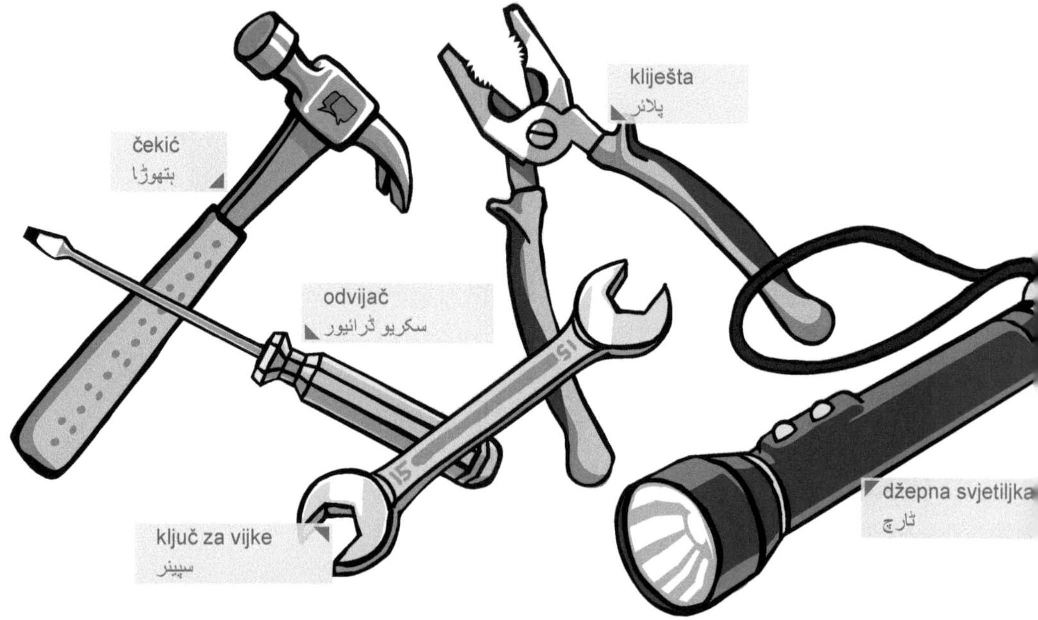

čekić
ہتھوڑا
kliješta
پلائر
odvijač
سکریو ڈرائیور
ključ za vijke
سپینر
džepna svjetiljka
ٹارچ


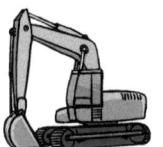

rovokopač

پھاوڑا

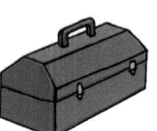

kutija za alat

ٹول باکس

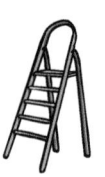

ljestve

سیڑھی

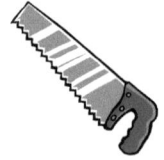

pila

آری

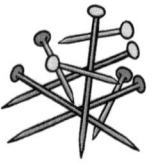

ekser

کیل

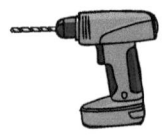

bušilica

ڈرل

popraviti

مرمت

lopata

شاول

Sranje!

لعنت!

lopatica

ڈسٹ پین

lonac za boju

پینٹ پاٹ

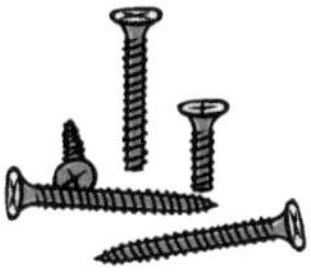

vijci

سکریوز

## glazbeni instrument

### موسیقی نے آلات

zvučnik
لاؤڈ سپیکر

bubnjevi
ڈرم کٹ

gitara
گٹار

kontrabas
ڈبل بیس

truba
نرسنگے

klavir

پیانو

violina

وائلن

bas

بیس

timpani

ٹمپانی

udaraljke za bubnjeve

ڈرمز

keyboard

کی بورڈ

saksofon

سیگزو فون

flauta

بانسری

mikrofon

مائکروفون

# zoološki vrt

## چڑیا کھار

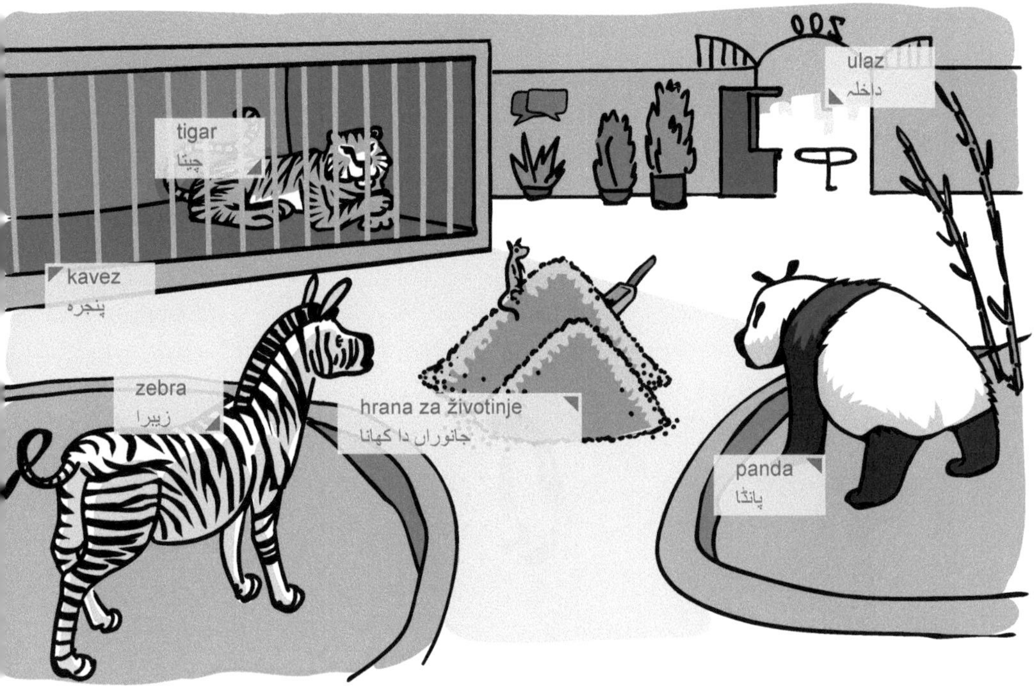

ulaz
داخلہ
tigar
چیتا
kavez
پنجرہ
zebra
زیبرا
hrana za životinje
جانوراں دا کھانا
panda
پانڈا


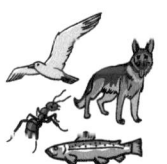

životinje

جانور

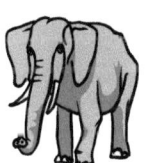

slon

ہاتھی

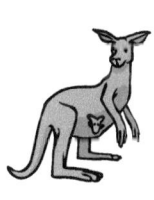

kengur

کینگرو

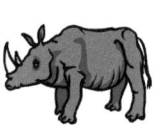

nosorog

گینڈا

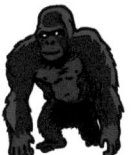

gorila

گوریلا

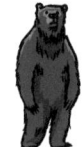

medvjed

ریچھ

kamila

اونٹ

noj

شترمرغ

lav

شیر

majmun

باندر

flamingo

فلیمنگو

papagaj

طوطا

polarni medvjed

برفانی ریچہ

pingvin

پینگونین

ajkula

شارک

paun

مور

zmija

سنپ

krokodil

مگرمچہ

čuvar u zoološkom vrtu

چڑیا گھر دا رکھوالا

tuljan

سیل

jaguar

جیگوار

poni

پونی

leopard

لیپرڈ

nilski konj

ہپو

žirafa

زرافہ

orao

چیل

divlja svinja

نر سور

riba

مچھی

kornjača

کیچھوا

morž

والرس

lisica

لومڑ

gazela

گیزل

**američki nogomet**
امریکن فٹبال

**biciklizam**
سائکلنگ

**tenis**
ٹینس

**košarka**
باسکٹ بال

**plivanje**
سوئمنگ

**boks**
باکسنگ

**hockey na ledu**
آئس ہاکی

**nogomet**

فٹبال

**badminton**

بیڈ منٹن

**atletika**

ایتھلیٹکس

**rukomet**

ہینڈ بال

**skijanje**

سکیئنگ

**polo**

پولو

skočiti
چھال مارنا

smijati se
ہنسنا

zagrliti
چھپی پانا

ići
چلنا

pjevati
گانا گانا

sanjati
خواب

moliti se
دعا

poljubiti
بوسہ

| | | |
|---|---|---|
| pisati | crtati | pokazati |
| لکھنا | لیک لانا | وکھانا |
| gurati | dati | uzeti |
| دھکا | دینا | لینا |

imati

ہے وے

činiti

کرنا

biti

ہو

stojati

کھیلونا

trčati

دوڑنا

povlačiti

چھیکنا

baciti

سٹنا

padati

ٹھینا

ležati

جھوٹ

čekati

انتظار

nositi

چکنا

sjediti

بیٹھنا

oblačiti

کپڑے پانا

spavati

سونا

probuditi se

جاگنا

**gledati**

ویکهنا

**plakati**

رونا/چلانا

**milovati**

سٹروک

**češljati**

کنگها

**govoriti**

گل کرنا

**razumjeti**

سمجهنا

**pitati**

پوچهنا/دسنا

**slušati**

سننا

**piti**

پینا

**jesti**

کهانا

**pospremiti**

تیار بونا

**voljeti**

محبت

**kuhati**

پکانا

**voziti**

گڈی چلانا

**letjeti**

اڈنا

ploviti

سمندری سفر

računati

کیلکولیٹ

čitati

پڑھنا

učiti

سیکھنا

raditi

کم

vjenčati se

شادی

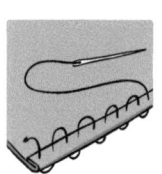

šiti

سیونا

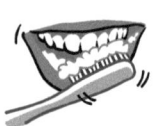

prati zube

دند صاف

ubiti

قتل

pušiti

دھواں

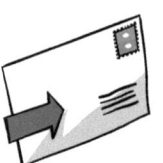

poslati

بھیجنا

# obitelj
## کنبہ

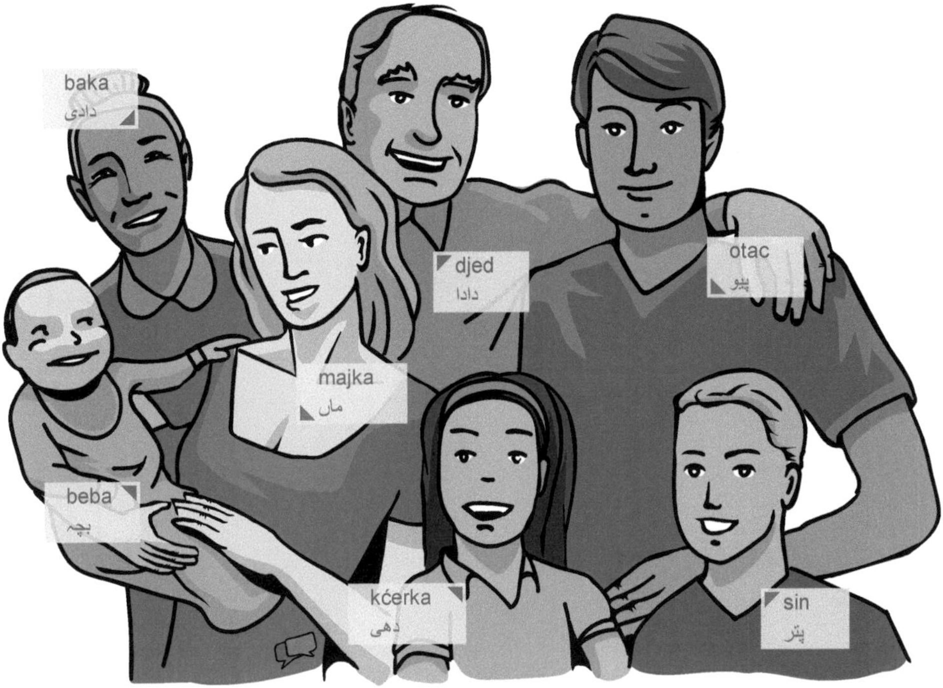
baka
دادی
djed
دادا
otac
پیو
majka
ماں
beba
بچہ
kćerka
دھی
sin
پتر

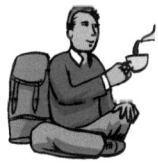

gost

مہمان

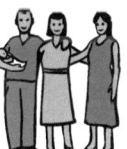

tetka

ماسی / پھو

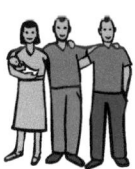

ujak, stric

چاچا/ماما

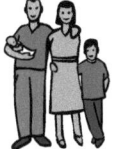

brat

بھرا

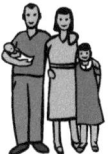

sestra

بہن

# tijelo

## جسم

čelo
متھا
oko
اکه
lice
منہ
brada
ٹھوڑی
prst
انگلی
rame
منڈھے
ruka
ہتھ
grudi
چھاتی
ruka
بانہ
noga
لت

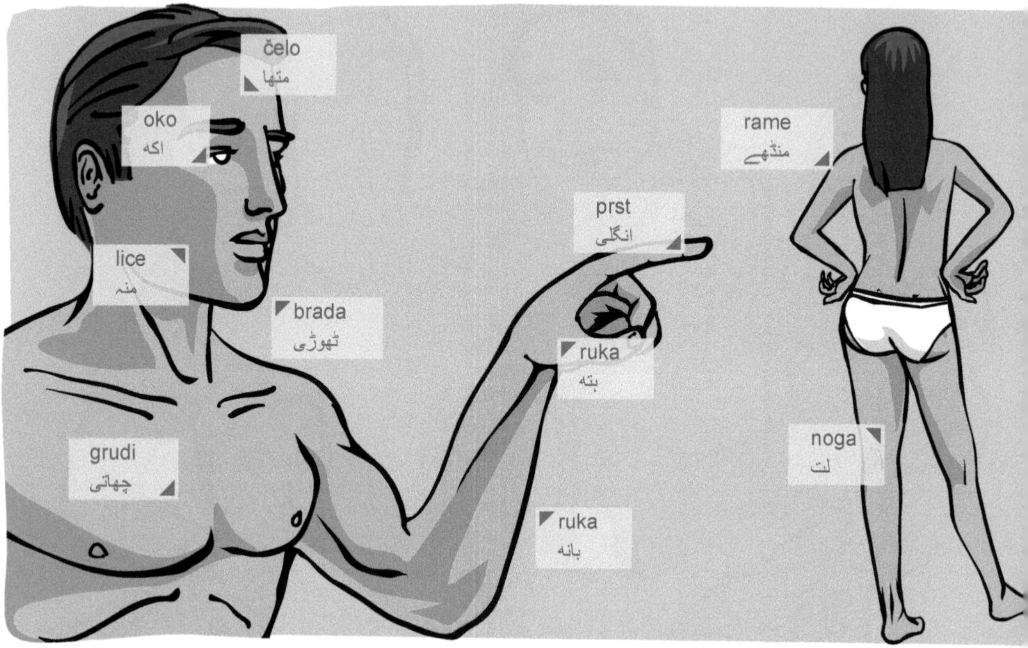

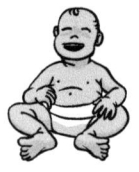

beba

بچہ

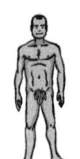

muškarac

بندہ

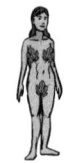

žena

جنانی

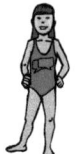

djevojčica

کڑی

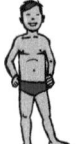

dječak

مڑا

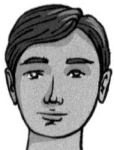

glava

سر

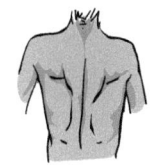

leđa

کمر

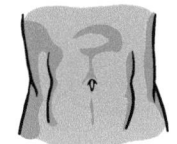

trbuh

ٹھڈ

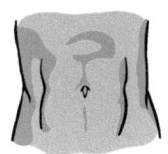

pupak

تھنی

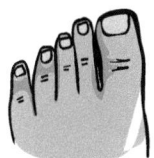

nožni prst

پنجہ

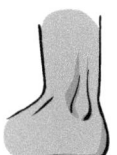

peta

ائی

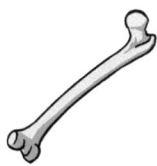

kost

ہڈ

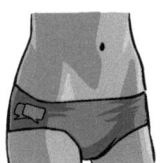

kuk

کولہے

koljeno

گوڈے

lakat

کہنی

nos

نک

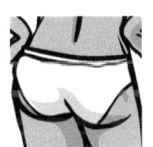

stražnjica

زیر جامہ

koža

کھل

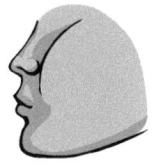

obraz

گلاں

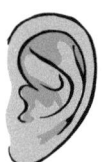

uho

کن

usna

بل

usta

منہ

zub

دند

jezik

زبان

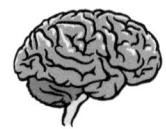

mozak

دماغ

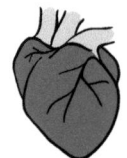

srce

دل

mišić

پٹھے

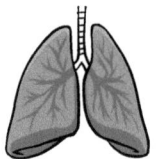

pluća

پھیپھڑے

jetra

جگر

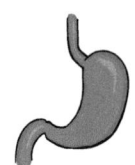

želudac

ٹھڈ

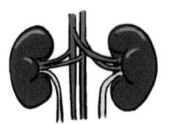

bubrezi

گردے

snošaj

جنس

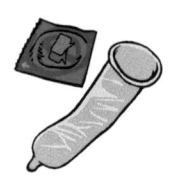

kondom

کنڈم

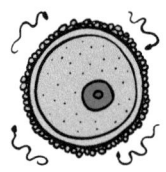

jajna stanica

انڈے

sperma

منی

trudnoća

حمل

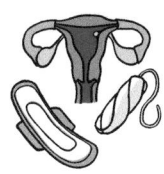

menstruacija

حیض

vagina

اندام نہانی

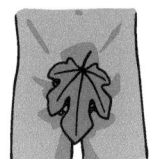

penis

عضو تناسل

obrva

بھوں

kosa

بال

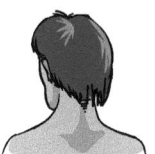

vrat

گردن

bolnica
هسپتال

bolničko vozilo
ايمبيولنس

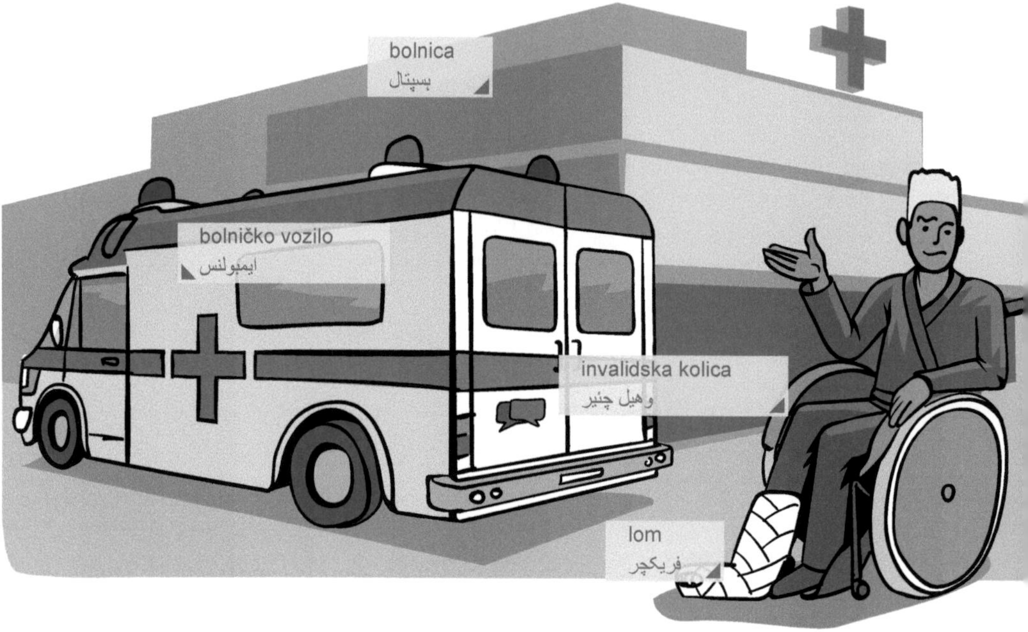

invalidska kolica
وهيل چئير

lom
فريكچر

liječnik

ڈاکٹر

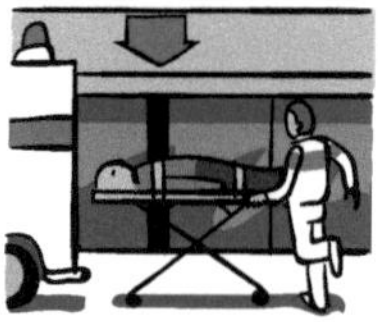

hitna medicinska služba

بنگامی کمره

medicinska sestra

نرس

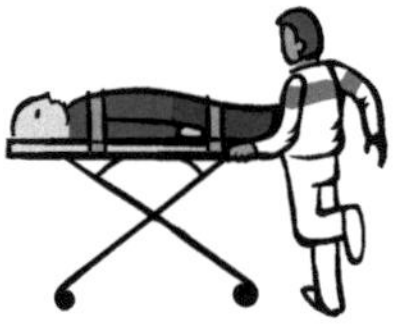

hitni slučaj

ایمرجنسی

nesvijest

بے ہوش

bol

درد

ozljeda

سٹ

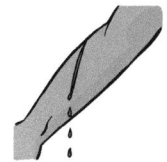

krvarenje

خون نکلنا

srćani infarkt

دل نا دوره

moždani udar

فالج

alergija

الرجی

kašalj

کھنگ

groznica

تپ

gripa

نزلہ

proljev

اسہال

glavobolja

سر درد

rak

کینسر

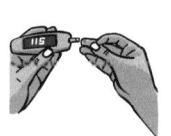

dijabetes

شوگر(ذیابطس)

kirurg

سرجن

skalpel

سکیلپیل

operacija

آپریشن

ct

سی ٹی

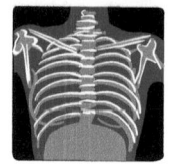

rentgen

ایکسرے

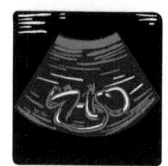

ultrazvuk

الٹرا ساؤنڈ

maska

چہرہ نا ماسک

bolest

بماری

čekaonica

انتظار گاہ

štaka

بیساکھی

flaster

پلستر

zavoj

پٹی

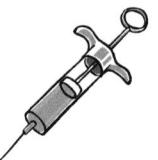

injekcija

ٹیکہ

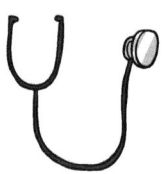

stetoskop

سٹیتھوسکوپ

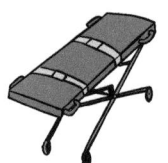

nosilo

اسٹریچر

termometar

کلینکل تھرمومیٹر

rođenje

پیدائش

prekomjerna težina

زائدالوزن

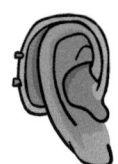

slušni aparat

سنن لئی آله

sredstvo za dezinfekciju

جراثيمم کش

infekcija

متعدى مرض

virus

وائرس

hiv / sida

HIV/AIDS

medicina

دوائی

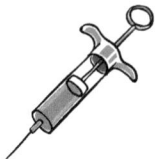

vakcinacija

ویکسینیشن

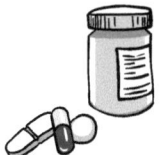

tablete

گولیاں

pilula

گولی

poziv u pomoć

ہنگامی کال

uređaj za mjerenje tlaka

بلڈ پریشر مانیٹر

bolesno / zdravo

بیمار / صحتمند

pomoć!

مدد!

alarm

الارم

nasrtaj

حملہ

napad

حملہ

opasnost

خطرہ

izlaz za nuždu

بنگامی اخراج

požar!

اگ!

vatrogasni aparat

اگ بجاهن والا آلہ

nezgoda

حادثہ

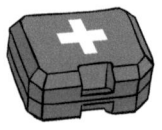

kofer prve pomoći

فرسٹ ایڈ کٹ

sos

SOS

policija

پلس

Europa

يورپ

sjeverna amerika

شمالی امریکه

južna amerika

جنوبی امریکه

Afrika

افریقه

Azija

ایشیاء

Australija

أستریلیا

Atlantik

اتلانتک

Pacifik

پیسیفک

ocean

بحیره بند

antarktički ocean

بحیره انتارکتک

arktički ocean

بحیره آرکتیک

sjeverni pol

قطب شمالی

**južni pol**

قطب جنوبی

**Antarktik**

انٹارکٹیکا

**zemlja**

زمین

**zemlja**

خشکی

**more**

سمندر

**otok**

جزیرہ

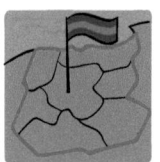

**nacija**

قوم

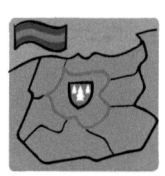

**država**

ریاست

brojčanik sata

کلاک فیس

satna kazaljka

نکی سوئی

minutna kazaljka

وڈی سوئی

sekundna kazaljka

سیکنڈ ہینڈ

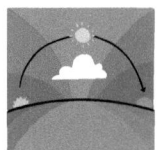

Koliko je sati?

کی ٹائم ہویا اے؟

dan

دن

vrijeme

وقت

sada

ہون

digitalni sat

ڈیجیٹل گھڑی

minuta

منٹ

sat

گھنٹہ

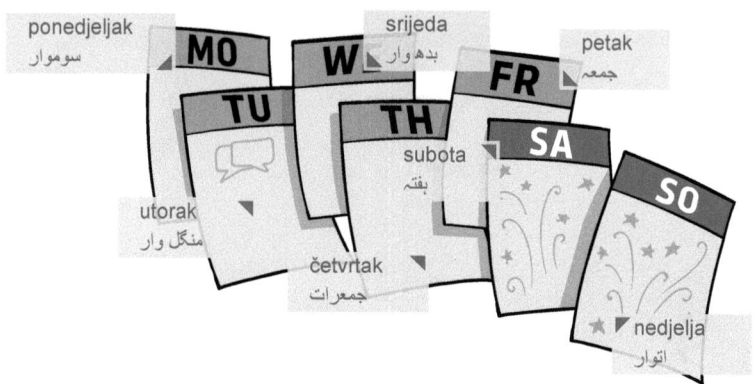

ponedjeljak — سوموار
srijeda — بدھ وار
petak — جمعه
utorak — منگل وار
subota — هفته
četvrtak — جمعرات
nedjelja — اتوار

jučer

کل

danas

اج

sutra

کل

jutro

سویر

podne

دوپہر

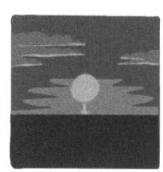

večer

شام

| MO | TU | WE | TH | FR | SA | SU |
|----|----|----|----|----|----|----|
| 1 | 2 | 3 | 4 | 5 | 6 | 7 |
| 8 | 9 | 10 | 11 | 12 | 13 | 14 |
| 15 | 16 | 17 | 18 | 19 | 20 | 21 |
| 22 | 23 | 24 | 25 | 26 | 27 | 28 |
| 29 | 30 | 31 | 1 | 2 | 3 | 4 |

radni dani

کاروباری دن

| MO | TU | WE | TH | FR | SA | SU |
|----|----|----|----|----|----|----|
| 1 | 2 | 3 | 4 | 5 | 6 | 7 |
| 8 | 9 | 10 | 11 | 12 | 13 | 14 |
| 15 | 16 | 17 | 18 | 19 | 20 | 21 |
| 22 | 23 | 24 | 25 | 26 | 27 | 28 |
| 29 | 30 | 31 | 1 | 2 | 3 | 4 |

vikend

ویک اینڈ

# godina

## سال

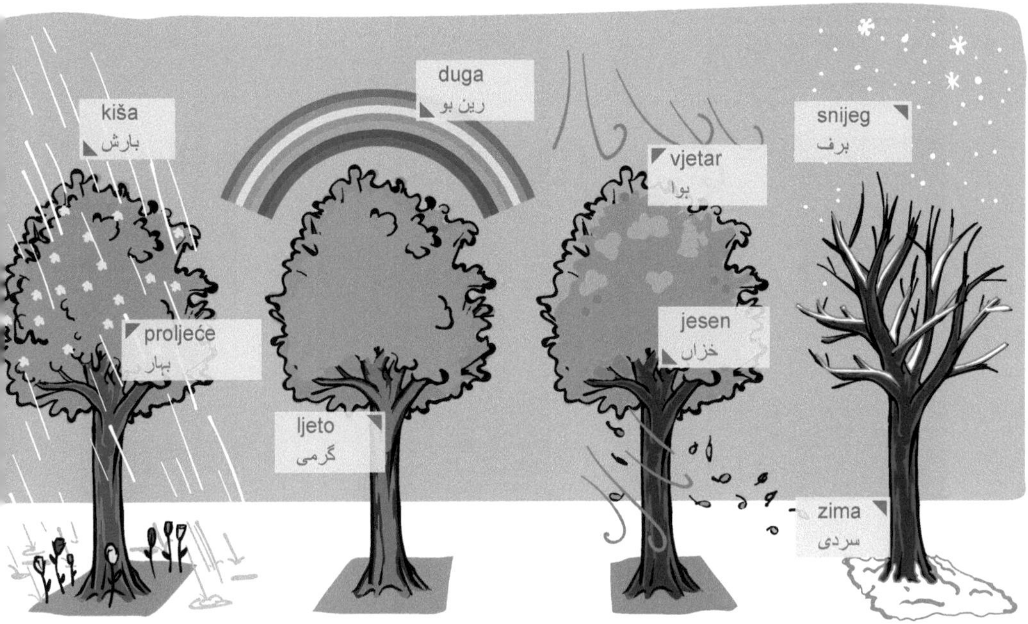

kiša
بارش
duga
رین بو
vjetar
ہوا
snijeg
برف
proljeće
بہار
jesen
خزاں
ljeto
گرمی
zima
سردی


4.APRIL 11°
5.APRIL 4°
6.APRIL 13°
7.APRIL 8°
8.APRIL 10°


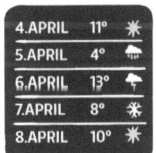

meteorološka prognoza

موسمی پیشگوئی

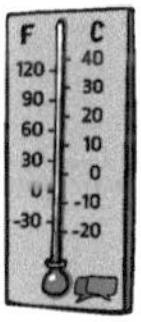

F C
120 40
90 30
60 20
30 10
0 0
-30 -10
-20


termometar

تھرمامیٹر

sunčana svjetlost

سورج نے چمک

oblak

بدل

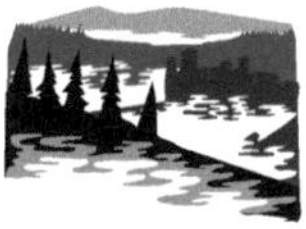

magla

دھند

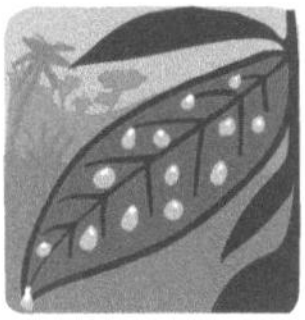

vlažnost zraka

نمی

munja

بجلی کڑکنا

grmljavina

گرج

oluja

نهیری

tuča

اولے

monsun

ساون

poplava

سیلاب

led

برف

siječanj

جنوری

veljača

فروری

ožujak

مارچ

travanj

اپریل

svibanj

مئی

lipanj

جون

srpanj

جولائی

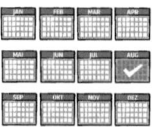

kolovoz

اگست

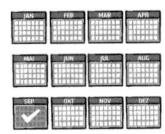

rujan

ستمبر

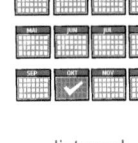

listopad

اكتوبر

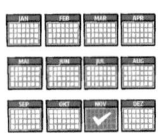

studeni

نومبر

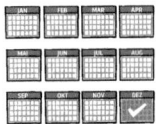

prosinac

دسمبر

## oblici

شكلاں

krug

گول

kvadrat

چوكور

pravokutnik

مستطيل

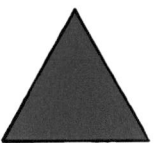

trokut

مثلث

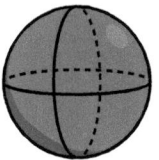

kugla

دائره نما

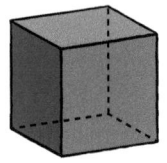

kocka

مكعب

bijela

چٹا

žuta

پیلا

narančasta

نارنجی

ružičasta

گلابی

crvena

رتا

ljubičasta

جامنی

plava

نیلا

zelena

برا

smeđa

کتھنی

siva

سرمئی

crna

کالا

mnogo / malo

زیاده / گھٹ

ljutito / mirno

ناراض / پرسکون

lijepo / ružno

خوبصورت / بدصورت

početak / kraj

ابتداء / اختتام

veliko / maleno

وڈا / نکا

svijetlo / tamno

روشن / نھیرا

brat / sestra

بھرا / بہن

čisto / prljavo

صاف / گندا

potpuno / nepotpuno

مکمل / نا مکمل

dan / noć

دن / رات

mrtvo / živo

مردہ / اندہ

široko / usko

چوڑا / تنگ

**jestivo / nejestivo**

خوردنی / ناقابل خوردنی

**zlo / dobro**

پهیڑا / چنگا

**uzbuđeno / dosadno**

خوش / ناخوش

**debelo / mršavo**

موٹا / پتلا

**na početku / na kraju**

پہلا / آخری

**prijatelj / neprijatelj**

دوست / دشمن

**puno / prazno**

بھریا / خالی

**tvrdo / mekano**

سخت / نرم

**teško / lagano**

بھاری / بلکا

**glad / žeđ**

بھوک / پیاس

**bolesno / zdravo**

بیمار / صحتمند

**ilegalno / legalno**

قانونی / غیر قانونی

**pametno / glupo**

ذبین / بیوقوف

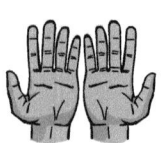

**lijevo / desno**

کھبا / سجا

**blizu / daleko**

کولے / دور

**novo / rabljeno**

نوان / پرانا

**ništa / nešto**

کجہ نئیں / سب کجہ

**staro / mlado**

بڈّھا / جوان

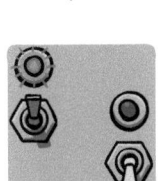

**uključeno / isključeno**

کھولنا / بند کرنا

**otvoreno / zatvoreno**

کھولنا / بند کرنا

**tiho / glasno**

خاموشی / شور

**bogato / siromašno**

امیر / غریب

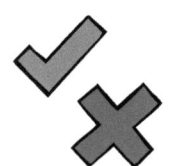

**točno / pogrešno**

درست / غلط

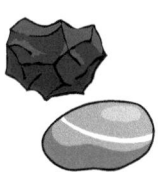

**hrapavo / glatko**

کھردرا / ہموار

**tužno / sretno**

افسردہ / خوش

**kratko / dugo**

نکا / لما

**polako / brzo**

آہستہ / تیز

**mokro / suho**

گیلا / خشک

**toplo / hladno**

گرم / ٹھنڈا

**rat / mir**

جنگ / امن

| **0** | **1** | **2** |
|:---:|:---:|:---:|
| nula | jedan | dva |
| صفر | اک | دو |

| **3** | **4** | **5** |
|:---:|:---:|:---:|
| tri | četiri | pet |
| تن | چار | پنج |

| **6** | **7** | **8** |
|:---:|:---:|:---:|
| šest | sedam | osam |
| چه | ست | اٹھ |

| **9** | **10** | **11** |
|:---:|:---:|:---:|
| devet | deset | jedanaest |
| نو | دس | یاراں |

**12**

dvanaest

باران

**13**

trinaest

تیران

**14**

četrnaest

چودا

**15**

petnaest

پندره

**16**

šestnaest

سوله

**17**

sedamnaest

ستاران

**18**

osamnaest

اٹھاران

**19**

devetnaest

انیه

**20**

dvadeset

وی

**100**

stotinu

سو

**1.000**

tisuću

هزار

**1.000.000**

milijun

ملین

engleski

انگریزی

američko engleski

امریکی انگریزی

kinesko mandarinski

چینی مینڈیرین

hindi

ہندی

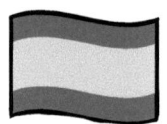

španjolski

سپینش

francuski

فرینچ

arapski

عربی

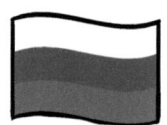

ruski

رشنین

portugalski

پرتگالی

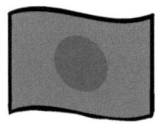

bengalski

بنگالی

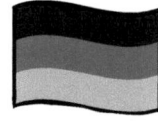

njemački

جرمن

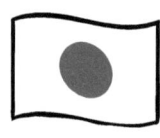

japanski

جاپانی

ja

میں

ti

توں

on / ona / ono

وہ/او/ایہہ

mi

اسمیں

vi

توں

oni

او

tko?

کون؟

što?

کی؟

kako?

کیوں؟

gdje?

کتھے؟

kada?

کدوں؟

ime

ناں

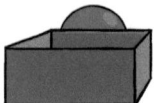

iza

پچھے

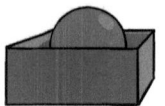

u

وچ

ispred

نے سامنے

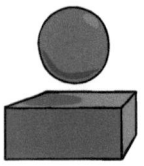

preko

تے

na

تے

ispod

ہیٹھ

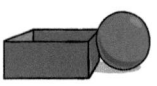

pored

سوا

između

مابین

mjesto

جگہ